Commentaire

Par François Salmeron

Critique de la faculté de juger

Analytique du beau

Kant

lePetitPhilosophe.fr

KANT 1

CRITIQUE DE LA FACULTÉ DE JUGER 3

MISE EN CONTEXTE 4

Place et rôle de la *Critique de la faculté de juger*

Qu'est-ce que la faculté de juger esthétique ?

« L'analytique du beau » et les quatre modalités de l'entendement

EXPLICATION ET ANALYSE DU TEXTE 9

Le beau suivant la qualité se fonde sur une « satisfaction désintéressée » (§ 1-5)

Le beau suivant la quantité plait « universellement sans concept » (§ 6-9)

Le beau suivant la relation se comprend comme une « finalité sans fin » (§ 10-17)

La modalité du jugement de gout : une relation nécessaire à la satisfaction (§ 18-22)

CONCLUSION 21

POUR ALLER PLUS LOIN 23

KANT

PHILOSOPHE ALLEMAND FONDATEUR DE LA PHILOSOPHIE CRITIQUE ET TRANSCENDANTALE

- **Né en 1724 à Königsberg**
- **Décédé en 1804 dans la même ville**
- **Quelques-unes de ses œuvres :**
  - *Critique de la raison pure* (1781 et 1787)
  - *Critique de la raison pratique* (1788)
  - *Critique de la faculté de juger* (1790)

Né en 1724 dans une famille modeste et piétiste, Emmanuel Kant étudie les mathématiques, la physique et la philosophie à Königsberg jusqu'en 1746, et est durablement marqué par les récentes découvertes de Newton. Par la suite, Kant devient précepteur dans de grandes familles prussiennes, puis retourne à l'université de Königsberg où il est nommé professeur ordinaire à la chaire de logique et de métaphysique en 1770, poste qu'il occupera jusqu'en 1794. Kant acquiert alors une grande réputation en Europe.

Ses compétences sont très diversifiées, mais surtout, il fonde une doctrine philosophique majeure appelée le « criticisme » et publie trois ouvrages essentiels : *Critique de la raison pure* (1781), dans lequel il se consacre à l'examen de l'entendement, tentant de répondre à la question « Que puis-je savoir ? » ; *Critique de la raison pratique* (1788), dans laquelle il s'attache à comprendre les fondements de la morale, se demandant « Que dois-je faire ? Que puis-je espérer ? » ; et *Critique de la faculté de juger* (1790), où il se penche sur l'esthétique et la téléologie. Il meurt en 1804 dans sa ville natale.

CRITIQUE DE LA FACULTÉ DE JUGER

LE TROISIÈME VOLET DU CRITICISME KANTIEN

Troisième et dernier volet du criticisme kantien, la *Critique de la faculté de juger* apparait comme une œuvre fondamentale de l'esthétique moderne.

L'enjeu de cet ouvrage est d'abord de compléter le système philosophique kantien en unifiant les deux premières critiques. Le but pour Kant est de combler la distance qui sépare l'usage théorique de la raison, qui est au fondement de la connaissance de la nature, et l'usage pratique de la raison, qui commande quant à lui toute action morale. Plus spécifiquement, la *Critique de la faculté de juger* interroge des concepts qui préoccupent Kant depuis longtemps : le beau et le sublime (analyse du jugement esthétique), et la téléologie (analyse de la finalité dans la nature). Dans l'« Analytique du beau », qui constitue le premier moment de l'ouvrage, Kant se pose les questions suivantes : le jugement de gout dépend-il uniquement du sentiment de plaisir et de peine ou de l'intérêt ? Le beau est-il objectif ou seulement subjectif ? Peut-on affirmer l'universalité du gout ? Tels sont les enjeux fondamentaux de l'esthétique kantienne.

MISE EN CONTEXTE

PLACE ET RÔLE DE LA *CRITIQUE DE LA FACULTÉ DE JUGER*

Les deux premiers opus du criticisme kantien ont été accueillis avec tant d'enthousiasme et d'admiration que l'on a parfois pu traiter avec moins d'intérêt la *Critique de la faculté de juger*. En effet, l'on n'a parfois vu en elle qu'un simple et vulgaire appendice, comme si seules la philosophie de la connaissance de la nature et la philosophie morale importaient et suffisaient à clore le système de Kant.

Pourtant, il faut comprendre que la *Critique de la faculté de juger* joue un **rôle tout à fait prépondérant dans la philosophie kantienne**. Kant rappelle d'abord dans la préface (p. 89-90) que son projet critique a jusque-là uniquement porté sur la faculté de connaitre et sur celle de désirer, sans s'interroger spécifiquement sur les sentiments de plaisir et de peine. De même, le philosophe s'est intéressé à l'entendement et à la raison, mais n'a pas traité de la faculté de juger : « Or, entre la faculté de connaître et celle de désirer, est compris le sentiment de plaisir et de peine, tout comme entre l'entendement et la raison il y a la faculté de juger. » (Introduction, p. 104). Selon lui, **la faculté de juger joue un rôle intermédiaire : elle sert de pont entre la faculté de connaitre et la faculté de désirer, et donne a priori une règle au sentiment de plaisir et de peine**. Le criticisme kantien s'attache alors à interroger notre pouvoir de juger en général selon des principes à priori, c'est-à-dire qui existent indépendamment de l'expérience.

En cherchant les principes à priori qui seraient impliqués dans le sentiment de plaisir et de peine, **Kant distingue clairement le jugement esthétique du jugement de connaissance** :

- dans le jugement de connaissance, l'entendement et l'imagination s'accordent suivant un concept déterminé qui donne au jugement de connaissance son objectivité ;
- dans le jugement de gout, il existe un libre jeu entre l'entendement et l'imagination, c'est-à-dire que leur rapport n'est pas réglé sur un concept déterminé.

La *Critique de la faculté de juger* se focalise ainsi sur les relations que cultivent entre elles nos facultés, et sur les rapports qu'un sujet entretient avec les opérations de son esprit, tandis que la *Critique de raison pure* s'intéresse plus particulièrement aux relations existantes entre un sujet connaissant et l'objet qu'il vise.

QU'EST-CE QUE LA FACULTÉ DE JUGER ESTHÉTIQUE ?

Le sens du concept de « critique » que l'on retrouve dans le titre de la *Critique de la faculté de juger* doit s'entendre dans une acceptation bien particulière : **la critique**, au sens kantien du terme, est **l'évaluation ou la détermination du pouvoir de la faculté de juger esthétique**. Au passage, il est à noter que cette faculté est synonyme de **jugement de gout**. Celui-ci est donc compris comme « la faculté de juger et d'apprécier le beau » (*Critique de la faculté de juger*, § 1, note). Le jugement qui porte sur le beau est « esthétique » en cela qu'il ne nous renseigne pas sur l'objet, mais **sur la manière dont notre sensibilité est affectée par l'objet**.

Kant signale que « **la faculté de juger est en général le pouvoir de penser le particulier comme contenu sous l'universel** » (Introduction, p. 105). Plus spécifiquement, Kant distingue deux types de jugements :

- **le jugement déterminant** : « Si l'universel (la règle, le principe, la loi) est donné, alors la faculté de juger qui subsume le particulier sous l'universel, est *déterminante* ». (Introduction, p. 105) Exemple : « Cette surface est un carré. » C'est le type de jugement que l'on rencontre dans la Critique de la raison pure, où les catégories sont appliquées aux objets. Le jugement déterminant est alors confondu avec la connaissance et l'entendement. On retrouve également ce jugement dans la Critique de la raison pratique, où les maximes de l'agir sont subsumées sous la loi morale ;
- **le jugement réfléchissant** : « Mais si seul le particulier est donné, pour lequel la faculté de juger doit trouver l'universel, alors la faculté de juger est simplement *réfléchissante* ». (Introduction, p. 105) Exemple : « C'est beau. » Le jugement réfléchissant s'applique au beau, au sublime ou au vivant – c'est d'ailleurs la question du beau qui nous intéressera exclusivement. **Le jugement de gout est donc un jugement réfléchissant** : il porte sur un objet particulier, mais ne sait pas donner la règle qui l'autorise à se prononcer de la sorte. **Il part d'un cas donné pour essayer de remonter vers sa règle.**

« L'ANALYTIQUE DU BEAU » ET LES QUATRE MODALITÉS DE L'ENTENDEMENT

« L'Analytique du beau » propose une analyse des jugements de gout afin **de dégager ce qui est nécessaire pour dire un objet « beau »**.

Tout d'abord, notons que le beau vient de notre réceptivité à un plaisir, plaisir résultant lui-même de la réflexion que nous effectuons sur la forme de l'objet considéré. Ainsi, la démarche de Kant s'attache avant tout à définir **le beau** comme **l'effet qu'un objet a sur un sujet**. Le beau, c'est l'évènement du sentiment esthétique qu'éprouve le sujet face à l'objet contemplé.

L'esthétique kantienne part d'**une analyse du sentiment de plaisir et de peine, dont il faudra trouver quel est le principe à priori**. Surtout, elle se révèle fondamentalement « formelle », puisqu'elle s'attache à la forme même de l'objet qu'examine le jugement de gout. La faculté esthétique s'efforce donc d'apprécier les choses selon une règle. **Mais le jugement de gout n'est pas non plus fondé sur un concept déterminé**, car sinon, il serait un jugement déterminant. Ce point est d'ailleurs l'un des principaux problèmes sur lesquels « l'Analytique du beau » va devoir s'arrêter.

L'entendement joue également un **rôle prépondérant** dans l'esthétique kantienne. Il permet en effet **d'objectiver et d'unifier tout objet**, car grâce à sa capacité à structurer la diversité, il donne une homogénéité à ce qui vient des sens, il confère une unité à la diversité. Dès lors, tout objet ne peut se constituer que grâce au travail structurant et unifiant de l'entendement, à partir du divers de la sensibilité. L'entendement apparait donc comme **« l'infrastructure » du jugement de gout**.

Et puisque le gout est un jugement propre à un sujet, il est considéré selon **les quatre fonctions logiques du jugement en général** que Kant a déjà livrées dans la *Critique de la raison pure*. Ainsi, la table de l'analytique du beau correspond point par point à la table des catégories de la *Critique de la raison pure* : **Kant examine le jugement de gout selon la qualité, la quantité, la relation et la modalité**. Il y sera respectivement **question d'intérêt, d'universalité, de finalité et de nécessité**, comme nous allons le voir.

EXPLICATION ET ANALYSE DU TEXTE

LE BEAU SUIVANT LA QUALITÉ SE FONDE SUR UNE « SATISFACTION DÉSINTÉRESSÉE » (§ 1-5)

Le jugement esthétique n'est pas un jugement logique (§ 1)

Kant commence par opérer une distinction fondamentale entre **le jugement de gout**, qui est **esthétique**, et le jugement de connaissance, qui est logique. Le jugement de gout a **un principe déterminant subjectif** et non objectif, comme c'est le cas du jugement de connaissance théorique (*Critique de la raison pure*) ou pratique (*Critique de la raison pratique*).

Le principe du jugement de gout est subjectif **car il se rapporte au sentiment de plaisir ou de peine éprouvé par le sujet**. Ce sentiment de plaisir ou de peine ne se rapporte en rien à l'objet en tant que tel : il désigne ce que le sujet éprouve en lui-même en étant affecté par sa représentation de l'objet.

Le jugement esthétique est « pur » (§ 2)

Kant énonce ici la thèse centrale de ce premier moment de l'Analytique du beau : **le jugement de gout se fonde sur une satisfaction**, mais celle-ci a la particularité d'être **désintéressée**. Dès lors, **la question est de savoir si un jugement de gout peut être « pur », bien qu'il se fonde sur un principe subjectif**.

Kant élabore pour cela une définition de la satisfaction :
« On appelle intérêt **la satisfaction** qui **est liée pour nous
à la représentation de l'existence d'un objet**. » (p. 130)
En fait, la satisfaction éprouvée ne procède pas tant de
l'existence physique de cet objet que de la pure et simple
représentation que l'on en a. **Le jugement de gout est donc
« pur »** dans le sens où la satisfaction qui est à son principe
se désintéresse de l'existence même de l'objet et ne se
rapporte qu'à la représentation que nous en avons.

Notre volonté reste ainsi autonome par rapport à l'objet, et
l'on peut remarquer que sur ce point précis, **l'esthétique de
Kant fait écho à son éthique** : le sujet est non seulement
autonome, mais désintéressé. **Le jugement de gout est pur
et gratuit** : « Il ne faut pas se soucier le moins du monde de
l'existence de la chose, mais y être totalement indifférent,
pour jouer le rôle de juge en matière de goût. » (p. 131-132)

Le beau n'est synonyme ni d'agréable ni de bon (§ 3-5)

Kant propose de poser une **distinction entre le beau et
l'agréable**, pour spécifier plus en détail ce qu'est le beau.

L'agréable est défini comme le beau qui ne dépasserait pas
le niveau de la sensation : « Est agréable ce qui plait aux
sens dans la sensation. » (p. 132) **L'agréable procède de
la seule sensibilité et reste intéressé par l'existence de
son objet**, tandis que **le beau procède de l'entendement
et demeure désintéressé**. Ainsi, le plaisir esthétique n'est
pas nécessairement lié à une sensation, entendue au sens
« pathologique » du terme.

Kant veut alors éviter une nouvelle équivoque concernant **le sens dans lequel il faut comprendre le terme de « sensation »**. Elle peut être comprise soit comme un **sentiment subjectif**, soit comme une **représentation objective**. C'est pour ce second sens qu'il faut opter.

Dans le sentiment, nous sommes affectés par un objet et entièrement tournés sur nous-mêmes, afin de prendre conscience de la sensation d'agréable que nous ressentons. La satisfaction liée à l'agréable peut alors être qualifiée de « pathologique », car elle dépend d'une affection purement subjective. Et la jouissance que le sujet éprouve dépend à son tour entièrement de l'existence de l'objet. Or **le beau dépend de la représentation de l'objet, et non de son existence intrinsèque**. Le jugement esthétique est alors une disposition de l'esprit par laquelle nous éprouvons une satisfaction liée au beau, et cette satisfaction provient d'une représentation objective se constituant grâce à l'activité de l'esprit.

Kant distingue également le beau du bon (ou du bien, ici synonyme de bon) :

- « Est bon ce qui plait grâce à la raison, de par le seul concept. » (p. 134). **Le bien se rattache toujours au concept d'une fin posée par la raison, et donc à l'existence d'un objet déterminé** ;
- contrairement au bon, **le beau ne dépend d'aucun concept déterminé**.

Le bien et le beau sont donc séparés chez Kant. La satisfaction provenant du bien est liée à un concept déterminé et à l'existence de son objet, tandis que **la satisfaction qui nait du beau est purement contemplative**, c'est-à-dire qu'elle est indifférente quant à l'existence de son objet. Autrement dit, le jugement de gout porte sur son objet un intérêt indéterminé. Le terme de « faveur » désigne justement cette « satisfaction désintéressée et libre » (p. 138) propre au jugement de gout.

LE BEAU SUIVANT LA QUANTITÉ PLAIT « UNIVERSELLEMENT SANS CONCEPT » (§ 6-9)

L'universalité subjective du jugement de gout (§ 6-8)

Kant annonce d'emblée que sa deuxième définition du beau se rattache directement à la première qu'il a proposée. **Puisque la satisfaction éprouvée dans le beau ne se rapporte à aucun intérêt déterminé, cette satisfaction échappe alors à tout ce qui pourrait la singulariser.**

Autrement dit, cette satisfaction se fonde « sur ce que l'on peut supposer exister en chacun » (p. 139) : elle acquiert un **caractère universel**, grâce auquel **nous pouvons supposer la même satisfaction chez tout sujet exposé au même évènement du beau**. Nous attendons nécessairement que tout être éprouve cette même satisfaction, comme si le beau était « une propriété de l'objet », comme dans un jugement de connaissance. Kant décèle dans cette vocation à l'universalité un point commun entre la logique et l'esthétique. Pourtant, dans le jugement esthétique, l'universalité ne peut « remonter à des concepts » comme dans la connaissance théorique ou pratique. **Le jugement de gout prétend être valide pour tous, mais sans être fondé objectivement sur un concept déterminé** : c'est pourquoi on parlera à propos du jugement de gout d'une « **universalité subjective** » (p. 140). Le jugement de gout est fondé sur une satisfaction désintéressée quant à l'existence de son objet, et sur un concept indéterminé (c'est-à-dire sur une pure forme) qui lui confère un caractère universel.

Cette nouvelle caractérisation du beau permet d'approfondir la distinction que Kant avait établie entre le beau et l'agréable, puis entre le beau et le bon.

Le beau, dans sa prétention à l'universalité, diffère effectivement de l'agréable qui est purement sensible, donc personnel. **L'agréable se fonde sur un sentiment individuel** : en disant que quelque chose est agréable, je suppose que cette chose l'est pour moi. C'est pourquoi on dira « à chacun ses goûts » concernant l'agréable. (p. 140) Au contraire, en affirmant que quelque chose est beau, nous attendons le même assentiment chez les autres. **Quand on juge un objet beau, on ne juge pas pour soi seul, mais l'on suppose que les autres ressentent la même satisfaction devant l'objet contemplé**, comme si la beauté faisait partie de ses propriétés. Mieux, quand on juge une chose belle, on exige des autres d'adhérer à notre position (p. 141). Indéniablement, le beau est porteur d'une exigence d'universalité.

Le beau et le bon ont alors un point commun en étant tous deux tournés vers l'universel, mais ils se séparent en ce que le **bon est l'objet d'une satisfaction nécessaire qui s'établit grâce à un concept déterminé, tandis que le beau est**

l'objet d'une satisfaction désintéressée qui se fonde sur un concept indéterminé.

La satisfaction éprouvée dans le jugement de gout est donc un sentiment subjectif, mais comme cette satisfaction n'est rattachée qu'à un intérêt « général », elle reste indéterminée quant à sa forme. **Le beau n'est donc pas un concept définissable par l'entendement**.

Le sentiment de plaisir précède-t-il le jugement de gout, ou est-ce l'inverse ? (§ 9)

Kant en arrive alors à un moment crucial de l'Analytique du beau. Le philosophe estime en effet que **la clé de la critique du gout tient dans la question de savoir si le sentiment de plaisir précède le jugement de l'objet ou si c'est justement l'inverse**.

Kant estime qu'un jugement de gout ne peut se fonder uniquement sur le sentiment : si le plaisir était premier, le beau ne serait que de l'agréable et ne dépendrait que de la sensation. De ce fait, le jugement de gout serait individuel et ne pourrait être communicable à autrui. Le beau perdrait son exigence d'universalité.

En réalité, le plaisir nait du pouvoir à communiquer notre état d'âme ou notre jugement à autrui. **L'exigence d'universalité du jugement de gout est donc liée au principe de la satisfaction**. Mais alors, comment se fait-il que le jugement de gout énoncé par un individu soit partageable avec tous ?

Dans le jugement de gout, **nos facultés représentatives**

sont dans une disposition tout à fait singulière. En effet, alors que dans le jugement logique le rapport entre l'imagination et l'entendement est réglé par un concept déterminé, ces deux facultés n'obéissent à aucun concept ni à aucune règle particulière dans le jugement esthétique. C'est d'ailleurs ce que Kant appelle le **« libre jeu » des facultés représentatives** (p. 147). Or, c'est justement ce libre jeu des facultés qui est universellement communicable et qui a une **valeur pour tous**. Et ce libre jeu (ou « harmonie ») entre nos facultés est également lié **au principe du plaisir** que l'on éprouve dans le jugement de gout.

LE BEAU SUIVANT LA RELATION SE COMPREND COMME UNE « FINALITÉ SANS FIN » (§ 10-17)

Qu'entend-on par « finalité sans fin » ? (§10)

Généralement, on appelle « fin » le concept qui détermine ce que doit être un objet. La finalité d'un objet serait alors la forme idéale vers laquelle celui-ci devrait tendre, et qu'il devrait même atteindre.

Or la question est de savoir comment se produit le plaisir attaché au beau. Pour Kant, **le plaisir nait de ce que l'on veut que la chose soit telle qu'elle apparait. La peine vient au contraire de ce que l'on voudrait qu'elle fût autrement**. On appréhende ainsi de manière purement esthétique le rapport entre la forme réelle de l'objet donné et sa forme idéale. On sent une consonance (ou une dissonance) entre la forme donnée et sa forme idéale, sans pouvoir toutefois la conceptualiser.

Lorsque la faculté de juger contemple un objet qu'elle estime « beau », elle voit en lui l'effet d'une volonté. C'est **comme si l'objet dit « beau » avait été conçu spécialement en ce sens par une volonté créatrice**. Néanmoins, notre entendement ne peut connaitre conceptuellement cette volonté qui aurait créé ce bel objet : dès lors, l'objet beau est compris comme une « finalité sans fin ». Dans le beau, **nous sentons la manifestation d'une volonté ou de quelque chose d'équivalent à une intention, dont nous ne pouvons pourtant rien savoir**.

Quel est le principe déterminant du jugement de gout ? (§ 11-13)

Mais alors, si toute fin est représentée comme principe de satisfaction, **quel est le principe déterminant du jugement de gout ?**

Ce principe n'est pas la représentation d'une fin objective, car sinon le jugement de gout ne serait plus esthétique et deviendrait jugement de connaissance. Ce principe n'est pas non plus subjectif, car sinon le jugement de gout serait un pur agrément et ne dépendrait que du sentiment. Kant énonce ainsi :

> « Aussi n'est-ce rien d'autre que la finalité subjective dans la représentation d'un objet, sans aucune fin (ni objective ni subjective), c'est-à-dire par conséquent la pure forme de la finalité dans la représentation par laquelle l'objet nous est donné [...], qui peut nous apporter la satisfaction que, sans concept, nous jugeons universellement communicable, et donc constituer par là même le principe déterminant du jugement de goût. » (p. 152)

C'est donc **la pure forme de la finalité**, universellement communicable sans concept, qui constitue la satisfaction dans le jugement esthétique et apparait comme son principe déterminant. **Le beau, c'est la forme de la finalité d'un objet, perçue sans la représentation d'une fin déterminée**. Il ne s'agit pas d'une finalité objective, car la représentation de la forme de la finalité est sans contenu. L'existence matérielle de l'objet n'est pas requise. Elle est indifférente. Il ne reste alors que la pure forme de l'objet que l'imagination réfléchit en faisant abstraction de tout élément matériel.

Le plaisir qu'apporte le jugement esthétique est de ce fait **purement contemplatif**, puisqu'il ne s'intéresse pas à l'existence de son objet (p. 153). Le jugement de gout est « pur » en ce que ni l'attrait ni l'émotion n'ont d'emprise sur lui. Seule la finalité de la forme de l'objet représenté dans le libre jeu des facultés est son principe déterminant.

La beauté n'est pas synonyme de perfection (§ 15)

Le beau se rapporte donc à une finalité sans fin ou à une finalité purement formelle. **Le beau ne peut alors être confondu avec le « parfait »** qui obéit quant à lui à une finalité interne objective, c'est-à-dire à une fin déterminée (p. 159). Le principe déterminant du jugement esthétique n'est pas un concept ou une fin déterminée. Le jugement esthétique est unique en son genre : il rapporte au sujet la forme par laquelle un objet est donné universellement à tout un chacun. Il ne donne à connaitre aucune propriété de l'objet, et nous fait ressentir un libre accord entre nos facultés représentatives lorsqu'elles réfléchissent la pure forme de cet objet.

Beauté libre et beauté adhérente (§ 16-17)

Kant distingue deux types de beauté. Une **beauté pure et « libre »**, d'une part, qui est liée immédiatement à la représentation de l'objet contemplé, sans supposer de concept. Et une **beauté « adhérente »**, d'autre part, qui présuppose une fin et un concept particulier, déterminant eux-mêmes ce que doit être l'objet : celui-ci obéit dans ce cas de figure à une **finalité interne objective**.

Kant estime également que **le beau ne doit pas suivre un « idéal »**, sous peine d'être soumis au concept d'une finalité objective. Dans ce cas précis, le jugement de gout deviendrait « impur » en étant intellectualisé. Ce serait désormais une idée de la raison qui déterminerait à priori quelle devrait être la finalité interne de l'objet.

LA MODALITÉ DU JUGEMENT DE GOUT : UNE RELATION NÉCESSAIRE À LA SATISFACTION (§ 18-22)

Le beau est l'objet d'une satisfaction nécessaire (§ 18)

Kant stipule finalement que le genre de satisfaction propre au beau est tout à fait remarquable. En effet, il ne s'agit pas d'une nécessité « objective théorique » comme dans le jugement de connaissance. **Kant qualifie alors d'« exemplaire » la nécessité du jugement esthétique** (p. 172), dans le sens où le jugement de gout exige nécessairement l'adhésion de tous, mais où il n'existe pas à proprement parler de règle déterminée fondant cette exigence d'universalité. Le jugement esthétique n'est pas un jugement de connaissance objectif, car **sa nécessité ne peut être dérivée à partir de concepts déterminés**.

Il ne s'agit pas non plus d'une nécessité « pratique » comme dans le jugement moral, où ce sont les concepts d'une pure volonté rationnelle qui servent de règle à l'agir du sujet, et l'obligent ainsi à agir en tant que tel. Contrairement à la loi morale ou au devoir, dans l'esthétique, il n'y a pas de nécessité obligeant à reconnaitre le beau ou à en jouir. Il n'y a donc pas de loi de la beauté, pas plus que de plaisir esthétique obligatoire. **Le beau est alors reconnu sans concept comme objet d'une satisfaction nécessaire**.

Ainsi, le plaisir pris dans le jugement esthétique admet une universalité sans concept, ou une légalité sans loi.

Le sens commun esthétique (§ 20)

Mais comme il existe un sens commun logique et moral (pour communiquer et comprendre son devoir, par exemple) **il existe un « sens commun » esthétique d'où procède cette satisfaction nécessaire face au beau** et qui en est la condition même.

Ce sens commun esthétique doit pourtant être compris non pas comme une faculté empirique, mais bien plus comme l'expression d'un libre accord à priori de nos facultés. Et c'est d'ailleurs ce libre accord pouvant s'effectuer en chacun qui **fonde la possibilité d'une intersubjectivité et d'une** communicabilité entre les êtres.

CONCLUSION

L'originalité de l'approche de Kant tient d'abord dans sa méthode : **son analyse esthétique est centrée sur le jugement et les facultés du sujet**, et non sur les propriétés de l'objet. Les résultats auxquels il parvient sont également étonnants : Kant forge en effet des **concepts assez paradoxaux**, et donne des **définitions négatives** du beau (à l'exception du quatrième moment).

En effet, Kant définit dans le jugement de gout une **satisfaction désintéressée** par rapport à l'objet contemplé. Ce jugement pur demeure pur et diffère de l'agréable, qui ne se réfère qu'au sentiment et à l'existence physique de son objet. Le beau se distingue également du bien : alors qu'il est **indéterminé** et acquiert en ce sens et paradoxalement une exigence d'**universalité** (le jugement esthétique est commun à tous, tout en étant personnel), le bien, quant à lui, obéit à un concept et à une fin déterminés. En fait, le jugement de gout ne retient que la **pure forme** de son objet, qui est appréhendée par le libre jeu de nos facultés représentatives. C'est d'ailleurs cette pure forme de la finalité de l'objet qui constitue son **principe déterminant**. Le beau se fait ainsi l'objet d'une **satisfaction nécessaire exemplaire**, dans le sens où il exige l'assentiment de tous, sans pour autant pouvoir fonder cette adhésion sur des concepts déterminés et rationnels.

Votre avis nous intéresse !
Laissez un commentaire sur le site de votre librairie en ligne
et partagez vos coups de cœur sur les réseaux sociaux !

POUR ALLER PLUS LOIN

- KANT (Emmanuel), *Critique de la faculté de juger*, Paris, Gallimard, coll. « Folio Essais », 1985.
- VAYSSE (Jean-Marie), *Le vocabulaire de Kant*, Paris, Ellipses, 2005.

Rendez-vous sur lepetitphilosophe.fr et découvrez :

Plus de 1200 analyses
Claires et synthétiques
Téléchargeables en 30 secondes
À imprimer chez soi

www.lepetitphilosophe.fr

ISBN version numérique : 978-2 8062-4577-9
ISBN version papier : 978-2-8062-4617-2
Dépôt légal : D/2017/12603/596

Conception numérique : Primento,
le partenaire numérique des éditeurs.

Made in the USA
Monee, IL
07 July 2026